Mel

May M.O
∞∞∞

MELODÍAS MORTALES

LA VENGANZA DE JOHN.

CUANDO EL PASADO TE ATORMENTA

MAY M. O.

Melodías Mortales
∞∞∞

Copyright © 2022
ISBN: 9798433467859
Todos los derechos reservados.
Esta publicación no puede ser reproducida en ninguna parte,
ni registrada, en ninguna forma ni medio,
sin permiso previo del escritor.

Melodías Mortales

Índice

Prólogo 11

Sinopsis 13

Introducción 15

Capítulo 1 23

Capítulo 2 33

Capítulo 3 45

Capítulo 4 55

Capítulo 5 61

Capítulo 6 63

Capítulo 7 69

Capítulo 8 73

Capítulo 9 79

Capítulo 10 81

Capítulo 11 85

Capítulo 12 91

Capítulo 13 93

Capítulo 14 95

Capítulo 15 97

Capítulo 16 105

Capítulo 17 111

Capítulo 18 113

Capítulo 19 117

Capítulo 20 119

Capítulo 21 123

Capítulo 22 127

Capítulo 23 131

Capítulo 24 135

Capítulo 25 139

Capítulo 26 143

Capítulo 27 147

Capítulo 28 159

Capítulo 29 163

Capítulo 30 165

Capítulo 31 171

Capítulo 32 175

Capítulo 33 179

Capítulo 34 181

Capítulo 35 189

Capítulo 36 193

Notas del autor 1 195

Notas del autor 2 197

Agradecimiento.. 199

QR.. 201

May Art Costa Rica 201

May Monge 201

Canal de You Tube 201

Prólogo

He tenido la inigualable experiencia de percibir esta historia desde diferentes ángulos, donde el autor plasma la secuencia con una narración cautivadora e interesante, la cual introduce al lector dentro de la misma.

Este relato me dejó ver desde el principio una ruptura entre el bien y el mal donde el protagonista lucha por buscar la paz interior y tranquilidad que le fue robada desde niño.

En mi caso en particular, el ser prologuista de esta obra me ha permitido disfrutar de cada línea, conociendo la duración de su desarrollo, la dedicación del autor de cuidar cada aspecto y así mantener al lector sumergido en cada capítulo e identificado con los personajes.

De mi parte, el haber tenido la oportunidad de leer Melodías Mortales me deja una sensación gratificante; en la que, al final el autor nos sugiere a vivir más y a preocuparnos menos, para disfrutar de la plenitud de la vida; lo cual de esta manera hace que el lector fomente su interés por la historia. Por eso la recomiendo.

Marilyn

Sinopsis

La presente historia se desarrolla a mediados del s. XIX en un pequeño pueblo perteneciente a los Países Bajos o específicamente en Holanda, donde se desata una guerra sin precedentes la cual causa mucha desolación. Los padres del protagonista: Roben y Annette se ven forzados a huir de ese pueblo con miras a resguardar su más preciado tesoro: su hijo John.

Roben fabricó una flauta, con un material extraño que encontró dentro de una mina.

A raíz de la guerra, John queda huérfano desde niño y toda su infancia crece con un trauma, el cual le afecta posteriormente, a tal grado de no poder conciliar el sueño, algo que lo mantiene intranquilo, hasta que encuentra la flauta que su padre le dejó como legado antes de ser asesinado y sin saber que en su interior portaba algo maligno, ayuda al protagonista a cobrar venganza contra los asesinos de su familia, dando muerte uno a uno de una forma despiadada.

La pasión por la música y el ser muy talentoso, lo impulsa a innumerables éxitos, pero a la vez, el dolor, acompañado de ira y sumado con la venganza, lo aleja de poder vivir su vida a plenitud.

Introducción

¿Estás ahí?

Lo sé, especulando… igual que todos en el mundo.

La mente tiene tantas formas de hacerlo, muchas figuras con formas, con colores.

¿Qué será lo que voy a leer esta vez?

¿Cómo sé que me va a gustar lo que voy a imaginar?

¿Y si el título de la portada tendrá que ver con lo que me voy a encontrar aquí plasmado?

Cuando nos interesa algo disfrutamos más que cuando nos tratan de dar una idea o sugerencia.

Pero si la vida fuera como soplar, como cuando vamos a una fiesta y nos piden inflar globos, que terminamos super cansados y se nos salen los ojos de tanto aire que pasa por nuestros pulmones, vemos a nuestro alrededor y nos preguntamos si es tan importante lo que hacemos, en donde estamos, lo que vinimos a celebrar.

En fin, parecerá un poco loco que cuando se habla de aire, algo que es invisible pero que nos da vida, lo respiramos, nuestros pulmones se expanden, nuestro cuerpo siente lo que pasa, nuestra mente sabe que es importante eso que no vemos, pero que si sentimos... tanta vida en algo impalpable, que rodea cada espacio, cada rincón... a todo esto, que llamamos tierra.

Esto llamado aire entra por la nariz con la intención de darnos vida, luz y esperanza; se almacena en los pulmones y que luego es expulsado por la boca, es algo normal para un músico, para cualquier cantante, luego de entrar no pensaríamos que pudiera dañar, es claro eso. Pero que, en esta ocasión, éste se junte con un artículo, invento o material excepcional, divino, soberbio, glorioso, algo poco convencional para muchos, pero que a la vez infunda dolor y venganza.

Pero la verdad que tocar un pequeño instrumento que contiene en su interior una fuerza dada por la naturaleza como lo es el amor, pero acompañado de ira, frustración y venganza... toda esa mezcla, pensar que pueda ocasionar desastre, era algo que no imaginé hasta que apareció el Mago del viento.

La mente es tan poderosa que en situaciones dolorosas y ante el más mínimo sentimiento causa un efecto que puede ser positivo o negativo; en esta última situación en particular, originó que creciera un sentimiento maligno en un pequeño niño, de tan solo unos meses de tener su corazón en este mundo de perdición y maldad, donde el más fuerte tiene el poder sobre el más débil.

El corazón herido y lleno de rencor puede ocasionar que la vida cotidiana al crecer, no sea la misma y se convierta en una ola de muerte y venganza.

Que el dormir cada noche se convierta en toda una acontecimiento de sufrimiento, donde por todos lados se vea rojo el horizonte.

MELODÍAS MORTALES

LA VENGANZA DE JOHN.

CUANDO EL PASADO TE ATORMENTA

MAY M. O.

Capítulo 1

En el año de 1843 el ser más tierno de un pequeño pueblo de Holanda, tenía en su interior una historia y un pasado que no había visto aún la luz, más era mejor así. Pero al lado de una pequeña tienda de roscas caseras, preparadas en fogón de arcilla y barro, de calidad podrían decir los sabios, los de siempre, los más antiguos; en sí, para ser más claros, como dirían los abuelos.

Unas rosquillas con un glaseado de azúcar color canela, en el que se podía sentir su aroma a kilómetros de distancia, situado cerca de la esquina donde se confeccionaban los mejores zapatos de cuero de venado, los cinturones con placas grandes y de acero fundido, fajas con acabados de rey, pulseras con incrustaciones de piedras, que recolectaban los mineros de la zona de las montañas altas de Ruchtaun, totalmente al otro lado de la ciudad.

La mayoría de los hombres podían vivir de la actividad de la extracción de carbón. Pero había un hombre humilde y muy trabajador, super esforzado para su familia, que vivía muy cerca de la prestigiosa tienda de cuero; él posterior y durante su trabajo recolectaba piedras raras o extrañas de gran valor para Mr. Ferguson, el cual le pagaba buen dinero por sus piedras bien seleccionadas.

Un día, después de su jornada de trabajo, Roben Zavketa encontró una joya, algo inexplicable a la vista, su color un violeta brillante, que al moverla a contraluz los múltiples colores que desprendía provocaba que todo pasara de ser algo simple a algo maravilloso; nuestro hombre recolector, padre ejemplar, amante de la naturaleza, pero sobre todo de su esposa Anette Visser, madre sobreviviente de cáncer de pulmón por los climas extremos de invierno, malas noches, la pobreza de sus padres ya muertos por la peste azul y su hijo John de un mes de nacido. Una familia, un hogar destinado a ser como todos: difícil, pero con amor y esperanza.

Ya pasada la hora de dormir, después de fumar su pipa tallada en roble amargo, Roben Zavketa observó que la piedra que encontró tenía un tono algo diferente, un brillo algo inusitado, intentó soplar para remover el exceso de polvo y notó que cuando soplaba, una melodía algo extraña se podía apreciar, unas notas poco habituales; nuestro hombre trabajador tenía desde niño amor por la música, su padre tocaba el violín durante las noches especiales.

Con el tiempo, aprendió a tocar la flauta, conocía de notas y partituras, por lo cual le parecía extraño el sonido que emanaba de la piedra encontrada.

Con unas gubias bien afiladas, hechas por su abuelo, tomó un pliego de lija 80 y empezó a dar forma.

No sabía que estaba haciendo, pero verla brillar, el soplarla le daba tranquilidad, paz en el corazón y en el alma. Se dio cuenta que el material era sumamente duro y grueso:

—*¡No será fácil de moldear!* —se dijo muy preocupado.

Pero estaba determinado a darle un diseño único, algo jamás visto.

—*¡Todas la noches después de mi pipa, tendremos una cita, veremos quién cede primero!* —pensaba entre risas.

Por varias noches después de su larga jornada, dio forma a la mágica pieza encontrada en la mina. Tres orificios pequeños de 4 mm cada uno, otro grande por la parte principal de 3 cm de circunferencia, ideal para el momento de iniciar a tocar. Un diseño poco común, pero que, en armonía y con la destreza de un buen músico, emitirían sublimes notas.

Después de varios días y horas arduas de trabajo, por fin quedó lista la mejor pieza hecha por un hombre común. En forma y diseño, era una flauta única en el mundo.

La contempló por horas:

—¡*Sublime!* —repetía, pensando en lo que había hecho.

Algo lo invitaba y lo obligaba a no apartarse de su nueva obra. Hasta que pensó que era hora de darle un lugar adecuado para guardarlo. Y claro, tal belleza necesitaba un cofre de madera, de la más alta calidad, así de mágico, así de excepcional, para resguardar ese instrumento musical.

Unos 25 años atrás, recordó que un viajero proveniente de California le obsequió un bloque de madera de Sequoia por ayudarle con un equipaje y por su buen servicio en el pueblo; le aseguró que era una de las piezas más caras del mundo, pero que él no tenía el tiempo ni las habilidades para confeccionar nada en especial.

Se fue donde lo había guardado, lo talló por horas, hasta lograr su cofre soñado. Quedando así maravillado del acabado final.

Tomó una pluma que usaba para sus apuntes diarios, un pedazo de papel especial y escribió una pequeña reseña:

"Querido hijo, amado John, aún estás muy pequeño, espero algún día encuentres esta nota, que desde mi corazón redacto.

Tu madre y yo te amamos con todo nuestro corazón, como el viento que no se ve, pero se siente, no olvides que siempre estaremos ahí, a donde vayas, en donde estés y en lo que hagas. Siempre sé bueno, amoroso, servicial, perdona al ser humano y no tengas rencor en el corazón. Sé feliz, ama y vive.

Te quiere papá".

Dobló la nota como pergamino y en un pequeño espacio la ocultó dentro del cofre, lo cerró y tapó.

May M.O
∞∞∞

Se fue a la cuna de su pequeño hijo, besó su frente, lo admiró por unos minutos y colocó su gran obra junto al pequeño.

Capítulo 2

La mañana siguiente, Roben de camino a la mina escuchó un gran ruido en todo el pueblo. Se detuvo a pensar que era aquello que escuchaba y quedó atónito, desde la montaña dónde vivían empezó a ver mucho humo, asimismo la detonación de cañones y los disparos eran el sonido más claro.

De repente uno de sus vecinos, también se detuvo muy asustado cuando regresaba del pueblo, le comentó que durante la noche los conflictos con los emigrantes del sur se habían salido de control, ya que eran varios años en disputa de unas tierras, le aconsejó salir del pueblo ya que éstos eran muy violentos y despiadados: los Gercas, un grupo armado de Occidente, y dijo:

—*¡No pude contar los muertos, que por decenas vi cuando regresaba del poblado de Portos!*

—*¡Corre, corre!* —expresó.

—*¡Ve por tu familia, que de esta no salimos!*

Como rayo y con el corazón latiendo a mil por segundo, dio vuelta entera a su carreta, regresó a su casa y casi sin poder hablar, dijo:

—*¡Mujer, mi amada Anette, toma al niño y algo de ropa, es hora de huir... no preguntes, solo corre, no hay tiempo de explicar, que la muerte está a un paso de nuestra puerta!*

Momentos de silencio se apoderaron de toda la casa, mientras corrían por sus pocas pertenencias y sus recuerdos más queridos.

—*¿Que será lo que nos espera?*

—comentó muy preocupada Anette.

—*¿Estás seguro?* —exclamó.

Con cierta duda y aun sabiendo que no era un momento de dudar, pero era ineludible, claro estaba:

¡Era toda una vida llena de sueños los que se quedaban atrás!

Sin mucho más de lo que se podía acumular en la carreta, se dispusieron a partir de prisa, cuando una duda entró en Roben...

—*¿Te pasa algo?* —le preguntó Anette.

Él exclamó:

—*¡Siento que dejo algo importante en la casa, pero ya no hay tiempo, nos tenemos que marchar!*

Cuando algo pasó por su mente, un sonido del viento lo hizo recordar:

—*¡Ya sé mujer!, el baúl de John... ¡claro! Regreso en seguida* —dijo.

Roben corrió como si eso fuera más importante que los ruidos de guerra, el temor a morir, aunque la muerte estaba muy cerca, pero era algo importante para él: *un regalo único que su hijo tenía que tener.*

En su interior las notas no dejaban de sonar, un tambor en sintonía palpitaba en su corazón y una voz le calaba en la mente, un pequeño susurro muy aterrador, de esos que te ponen los pelos del cuerpo en modo de alerta.

Tomó el pequeño baúl y lo atesoró en su pecho. Pensó el por qué lo estaba haciendo, pero no sabía que lo llamaba a arriesgar a su familia que lo esperaba, donde en ese instante el tiempo era más valioso que el oro.

Sin más que recoger salió con la misma velocidad, subió a su carreta con su familia e inició el rumbo hacia lo desconocido.

La incertidumbre y muchas dudas los acompañaban con la esperanza de regresar mientras todo sobrevenía.

Un pequeño niño aun de brazos y los sueños que siempre se quedan en el aire cuando algo inesperado llega a nuestras vidas.

Después de andar sin rumbo fijo por más de seis horas, llegaron a un pequeño pueblo llamado Zurguen, donde se encontraban más familias de su pueblo, casi sin espacio para poder instalarse o hacer algo improvisado para descansar. Cuando intentó partir, un hombre con una voz entre llanto con desesperación entró por la parte inferior del pueblito, gritando:

—¡No hay salida, no hay salida!

—¡El puente que comunica con Pruchen está quemado y sin paso... estamos muertos, atrapados!

El temor se apoderó de todos en el pueblo, mientras a lo lejos se escuchaban los pasos de las tropas, de los jinetes y sus caballos: eran los Gercas que ya estaban muy cerca de ellos.

Los rostros de desesperación, caras tristes, niños ocultos en los brazos de sus madres temerosas; no había nada que hacer, solo invocar plegarias u oraciones.

Por un pequeño instante, en el epílogo de la tarde, con un cielo azafranado, de esos atardeceres inolvidables, un suspiro de tranquilidad se dejó sentir, un alivio a un dolor y a un temor, pero el silencio se apoderó del pueblo.

Anette le suplicó a Roben que se tenían que marchar, pero huir ya no era algo negociable, el tiempo se había acabado, una bomba cruzó el arco de la entrada, alcanzando la primera choza del pueblo donde se encontraban dos hombres que vigilaban.

En ese preciso instante, las detonaciones eran ya el sonido que anunciaban la muerte inminente y los gritos de súplica que no eran escuchados. La sangre corría por todas partes, las calles se empezaron a tornar de un matiz rojizo y ya el cielo se había oscurecido de tanta maldad.

—*¡Perros malditos!* Fue lo que se escuchó por la parte posterior del escondite donde tres hombres con un aspecto de demonio entraron.

—*¡Por favor!* —suplicó Roben.

—*¡Tenemos un niño, tengan piedad!*

Pero no fueron escuchados y fueron llevados a la plaza.

El General Sou Füher Hess, un hombre alto de aspecto intimidante, número uno en la primera fila de las fuerzas armadas, de familia alemana, pero nacido en Holanda, se acercó diciendo a sus oficiales con una voz gruesa de tono burlesco:

—¡Mátalos!

—¡Señor, mencionaron a un niño, pero no lo logramos encontrar! —dijo uno de los oficiales al General Füher.

—¡No quiero a nadie vivo! —les gritó con furia.

—¡Solo faltaba este pueblo... los conflictos que un día iniciaron por poder y territorio ya terminan aquí!

—¡Matar a todos los del sur era mi objetivo final! —dijo, y tomó su arma expresando:

—¡Yo mismo los termino!

Y con un disparo en la frente no los dejó decir ni una palabra más: Anette y Roben habían sido brutalmente asesinados.

—*¡Un bastardo no me quitará mi victoria, vámonos... es todo!* —exclamó el General.

Luego de lo sucedido reunió a todos los Gercas cerca del Río Sucio a las orillas del pueblo, y les dijo:

—*Somos los que somos, ¡hoy quedan libres mis compatriotas... suerte en sus vidas!*

Y así se fueron dispersando poco a poco, alejándose con rumbos diferentes en todos los puntos cardinales, los 23 homicidas despiadados y sin alma que conformaban el grupo de los Gercas.

May M.O
∞∞∞

Capítulo 3

En el filo de la noche, una jovencita de unos 12 años, llamada Meike Roos, quien logró ocultarse durante el fuego cruzado y que estaba en una pequeña carreta en el centro del pueblo, fue la valiente a quien previamente había elegido Anette para cuidar a John junto con su valioso cofre, antes de ingresar el ejército de los Gercas.

Meike Roos corrió, pero al estar casi atrapada pudo ver todo lo que había sucedido con los padres de aquel pequeño bebé.

Lo tomó con fuerza entre sus pequeños brazos sin experiencia, secó sus lágrimas y aun con su corazón dañado, le prometió que cuidaría de él como si fuese su hermano menor.

La pequeña pero valiente niña, aun teniendo temor por lo sucedido con los Gercas, caminó varios días con John en brazos por las orillas del bosque, pasando por muchas dificultades y carencias; más su padre le había enseñado a vivir de la pesca y también a cómo sobrevivir a los climas inhóspitos.

Posterior a esto, lograron llegar cerca de la ciudad de Ámsterdam.

Allí, tocó muchas puertas buscando trabajo, hasta llegar a una gran mansión, habitada por la familia Van Der Berg, quienes tenían un gran prestigio entre los residentes, dueños de extensas tierras de invernaderos, donde cultivaban tomates que exportaban a la mayoría de empresas de Holanda.

—*¡Con humildad vengo buscando trabajo, mi hermano está muy pequeño, buscamos dónde vivir y comida, por favor!* —estas fueron las palabras que Meike usó para tocar el corazón de Karyn Van Der Berg, la señora de la casa, que por suerte iba de salida: de esas cosas y situaciones del destino.

La dulce niña una vez más con su fortaleza y sin perder la fe, había encontrado un hogar para ambos.

Desde ese momento, la familia Van Der Berg los adoptó y se convirtieron en sus dos hijos; hace muchos años habían hecho el intento de procrear, pero la naturaleza no lo tenía en sus planes y algo en el interior de la señora Van Der Berg le dijo que era necesario ayudarlos.

Mientras pasaron los años John iba creciendo con normalidad como cualquier otro niño: jugaba, se reía, era buen estudiante, amante de la naturaleza y los libros, destacado por su bondad y amor a los demás.

Cuando se acercaba su cumpleaños número 18 subió a la parte del ático, dónde explorando, encontró un viejo baúl con mucho polvo, pero con un diseño de madera atrayente, que instaba a tocarlo. John se sintió más que intrigado y una fuerza por ver su interior se apoderó de él.

Lo abrió y tomó la piedra esculpida que su padre forjó y vio que tenía unos orificios como una flauta, en sus años de estudio en las mejores escuelas de música ya entendía lo que significaba, claro que sí.

Lo puso en su boca y sopló notas nunca antes escuchadas que salían de su interior.

Pero sintió algo más, un estremecimiento recorrió todo su cuerpo, por lo cual se asustó y corrió buscando a su madre:

—¡Mamá, mamá!

—¡Encontré esto, mira! —le dijo John.

Descubrió también una nota en su interior, un pequeño pergamino, el cual decía:

> Tu madre y yo te amamos con todo nuestro corazón, como el viento que no se ve, pero se siente, no olvides que siempre estaremos ahí. Donde vayas y dónde estés, lo que hagas, siempre se bueno, Amoroso, servicial, perdona al ser humano.
> No tengas rencor en el corazón. Se feliz. Ama y vive. Te quiere papá

Karyn muy asustada sabía que ese momento iba a llegar, era hora de hablar con John. Explicarle lo que por años lo había estado atormentando por muchas noches con sueños y preocupaciones.

Con algunas terapias, psicólogos y todo el amor que le brindaron desde niño hicieron que olvidara ese trauma, que, aunque era muy pequeño, lo marcó para siempre.

—¡Amado hijo, eso es algo que no quería que encontraras... pensé que tu hermana lo había destruido, por muchos años se lo supliqué! —dijo Karyn.

—Pero me insistió que fue una promesa que tenía que cumplir.

—¡No sé qué es, pero sé que tiene un gran valor para ti! ¡Cuando llegue Meike te lo explicará mejor!

Las semanas fueron eternas para recibir una explicación; cada día y más por las noches, sueños de guerra y gritos de dolor se apoderaron de John.

Solo podía sentirse mejor cuando tocaba, cuando soplaba y consecuentemente las notas calmaban su dolor y su desesperación. Empezó a ponerse muy irritable. El cambio al encontrar el baúl fue notorio, ya no era el mismo, algo no lo dejaba estar en paz.

Melodías Mortales

Le repetía a su madre cada mañana que necesitaba repuestas, ya que las voces en su cabeza no paraban de sonar.

Capítulo 4

Al día siguiente Meike regresó y ya sabiendo lo que le estaba pasando a John, lo llamaron a la estancia principal y se sentaron.

—*Siento que algo me come por dentro, mi corazón palpita a mil por segundo. Creo que algo que estaba dormido en mí se despertó.*

—*¡Ocupo respuestas!* —dijo.

—*¡Claro!* —manifestó Karyn.

—*¡Igual yo también necesito escuchar a tu hermana!*

—¡Querido hermano, sé que es algo difícil escuchar lo que tengo que contarte! Por muchos años esperé que este momento no llegara, pero en el destino ya estaba que así tenía que ser, entre cielo y tierra no hay nada oculto que no salga a la luz.

Meike Roos continuó:

—"Hace muchos años me encontré con una mujer hermosa, con un hombre maravilloso y un bebé, yo era solo una niña... la situación era muy difícil para todos, se desató una guerra sin sentido, por poder: hombres, mujeres y hasta niños fallecieron a manos de cobardes asesinos. Algunos pueblos fueron casi destruidos, de uno de esos pueblos venimos ambos. Soy tu hermana de corazón por amor, de una promesa a tu madre Anette y a tu padre Roben. Ellos fueron asesinados sin piedad con un disparo en la cabeza, por el ejército de los Gercas a mando de su general Sou Füher Hess; más quiero que sepas que tus padres imploraron por su vidas como muchos otros, pero fue inútil.

—Antes de morir, tu madre me pidió cuidarte, ella sabía que no tendrían piedad contigo por ser un bebé y en mi caso mucho menos. Antes de irme por un pequeño orificio en el suelo de la casa, tu padre me suplicó un último favor: el cual era que resguardara ese cofre que encontraste.

—Por muchos años fue mi intención dártelo, pero algo poco agradable emanaba de su interior. Y esa maldita promesa no me dejó tirarlo o quemarlo, fueron inútiles mis intentos".

—¡Ya que sabes la verdad, quiero que olvides el pasado! —expresó.

—Tu madre es Karyn y tu padre fue Sir Rudolf, él también te amó, su muerte por pulmonía hace 2 años de igual manera fue difícil para todos. Ellos nos adoptaron y nos cuidaron. Soy tu hermana lo sabes.

John por un momento quedó en silencio, más algo se quebró en su interior, ya que había entendido la verdadera angustia que sentía desde niño. Sus noches de tormento habían regresado y la única manera de tener paz era vengar la muerte de sus padres. Se marchó en silencio a su habitación y con su mirada hacia el cielo pensaba y repetía en su interior:

—"¡Malditos, malditos! Los voy a encontrar uno por uno, los mataré y cobraré venganza".

Capítulo 5

Lo primero que hizo al despertar fue dirigirse a la biblioteca de la universidad a buscar información de los Gercas. Se dio cuenta que fue un grupo armado de 23 hombres que mató sin piedad a cientos de personas entre los años de 1840 y 1843 por unas tierras: una disputa sin sentido y que en ese entonces no fueron condenados, ya que la Ley de Tierras fue aprobada hasta años después.

—*¡Perros malditos, pero no voy a descansar hasta terminar con todos... buscaré la manera de que sufran como yo y los haré pagar!*

—expresó.

Todos los días John buscaba información por cualquier medio posible, algo que lo llevara a encontrar una pista, tan sólo un indicio de esos 23 individuos. Fue cuando encontró unas imágenes de un diario de 1846, donde uno de los integrantes de los Gercas tenía tatuado un águila con las letras GC en su mano derecha, eso los identificaba según la publicación hecha por el reportero, quien fue asesinado unas semanas después.

—"Claro, esos cerdos del infierno aun haciendo de las suyas, pero lo pagarán con sangre. ¡En mis manos terminarán!"

Capítulo 6

Transcurrían los días y John cada vez estaba más molesto por no encontrar pistas. Saliendo de la universidad, tomó el autobús que lo llevaría a su clase de música, cuando el chófer le dio el cambio de un dólar, notó algo en su mano derecha que lo dejó paralizado: su mundo se detuvo y miles de sentimientos pasaron por su cabeza: la ira, el odio y el rencor se apoderaron de John.

Sin saber que hacer, se fue a la parte posterior, lo más alejado posible.

—*¡Es uno de ellos, lo mataré ahora mismo, tiene el águila y las iniciales!*

—*¡No tengo duda!* —se dijo.

En su máximo descontrol reaccionó un segundo y pensó:

—*¡Así no puede ser, necesito más información!*

—*¡Solo uno no me ayudaría en mis planes, los quiero a todos!*

Por horas lo esperó en la Central de Pasajeros, dejó que terminara su turno y como un policía lo siguió hasta su casa, en la calle 74 de la esquina del bosque.

Su sangre hervía como agua en estufa, mientras su corazón se mantenía acelerado.

—*¡Quiero matarlo!* —se repetía.

Regresó a la casa muy enojado, subió a su habitación que se encontraba situada al norte de la mansión, su ventana tenía una vista que daba a la calle principal y podía verse la mayor parte de la ciudad.

Se sentó justo ahí, tomó el cofre contemplando su arte místico, tallado por su padre, lo abrió tomándolo con un sentimiento diferente; algo más estaba con él: su enojo se convirtió en una furia poco común, un sentimiento raro en su palpitar y sin darse cuenta su vida tomaría un rumbo diferente, el odio se había apoderado de él.

Una combinación extraña, lo que su padre había sentido una vez por la fenomenal roca, se transformó en algo maligno. Un giro diferente, una mala fórmula de sentimientos.

Las notas, los sonidos hermosos que se podían escuchar saliendo de la hermosa y única flauta jamás creada tenían un mensaje oculto que John iba a descubrir.

En eso por su ventana, un ave interrumpió una de sus tocadas, ya sus sentidos estaban alterados, maldijo al pájaro, no era el mismo hombre, su semblante había cambiado. Fijó su mirada en el ave mientras tocaba la flauta: las notas eran celestiales, el pequeño e inocente pájaro quedó inmóvil a la música, sus oídos empezaron a sangrar, hasta que se desplomó por la ventana cayendo en la habitación.

John quedó sorprendido, quiso matarlo y así fue: un momento de tranquilidad llegó a su vida.

Entendió que esa combinación de odio en su corazón con su mente, mezclado con la flauta y sus sonidos eran la clave para su venganza.

—*¡Sé que esto es una señal!*

—*¡Así es como todo mi sufrimiento terminará!*

Capítulo 7

Sin mucho que esperar ya cayendo la noche y sin más demora se fue a la calle 74 del bosque, cargando consigo su flauta. A tan solo a unas millas de llegar, la flauta empezó a cambiar de color, como un radar cuando se acerca a un objetivo. Estando en la puerta principal, en la casa de su enemigo, la increíble flauta ya era de un color rojo carmesí que parecía emanar del infierno, como una brasa ardiente entre sus manos.

Se sentó y una vez más empezó a tocar las melodías mortales, más los sonidos eran como arpas de ángeles y la música era escuchada por toda la casa del Gerca.

Como un imán Gerald Fran era atraído a la puerta y cuando abrió quedó paralizado e inmóvil. En su mente algo se metió, era la voz de cientos de inocentes pidiendo justicia, junto con la voz de Jon que le gritaba:

—*¡Maldito, morirás hoy mismo!*

Gotas de sangre emergían de sus oídos, sus ojos se tornaron color rojo mientras trataba de hablar, pero su rostro se fue colapsando, hasta caer de rodillas en presencia de John.

—¡Necesito reunir a los asesinos de mis padres, a esos malditos puercos los voy a encontrar!

—¡Esta será mi primera noche en la que dormiré con placer, mis enemigos caerán a mis pies, uno a uno... me voy a convertir en un músico famoso y reconocido a tal nivel que cada Gerca pueda escucharme y esté frente a mí para verlos sangrar!

Capítulo 8

Después de ese día y de esa noche, ya la vida de John había cambiado, su único objetivo era practicar más el piano, era su mayor placer desde niño. Necesitaba ser escuchado por más público, para ver si su flauta podía detectar en algún momento la presencia de sus enemigos.

Se postuló en el **Stadsschouwburg Ámsterdam Theatre** para abrir un concierto, todos los años se daba un espectáculo de bienvenida al inicio del invierno.

Esperó por varios días y justamente cuando se dirigía a la ciudad recibió una carta del director del teatro la cual le informaba:

"Se le comunica al Señor John Van Der Berg que el día 12 a las 3:30 se le hará una audición, un pequeño casting para escuchar su propuesta de apertura. Este año tenemos muchos nuevos aspirantes, por lo que se le pide puntualidad. Agradecemos su presencia"

La correspondencia se había demorado en llegar y el día de la audición era justamente ese mismo día.

—*¡Diablos!* -gritó muy enojado John. *¡Esta es mi oportunidad y estoy muy retrasado!*

Y como un rayo tomó sus pertenencias, entre ellas su flauta y se fue de prisa.

Casi sin tiempo logró entrar a la hora justa, ya el piano estaba listo y Mr. Lauren Vauche lo esperaba, era el pianista principal para la noche de invierno, el invitado especial que llegaba desde París.

Un poco nervioso pero convencido por sus habilidades, talento y destreza con el piano, John empezó a tocar; sus dedos eran hábiles, su digitación perfecta, los músculos junto con sus articulaciones, la velocidad de sus manos, la precisión de sus movimientos.

Las notas que desprendía cautivaron por mucho al maestro y a todos los presentes en el teatro.

—*¡Fenomenal!* —se escuchó, *no tengo dudas de tus habilidades, ¡eres único! ¡Vine con dudas por no tener referencias, pero no estás para abrir un concierto... estás para ser el principal de cualquier evento!*

Así, Mr. Vauche le pidió a John acompañarlo en su presentación principal. Ante esto John se quedó perplejo de tal solicitud y aunque conocía su talento, era la primera vez que tocaba en público.

—*¡Claro para mí será un placer!* —respondió con alegría.

Era su gran oportunidad, pero ya su mente solo visualizaba que podía tener más que fama, ya que su principal objetivo era matar y derramar la sangre de sus enemigos.

Capítulo 9

A solo 2 días de su gran debut esperaba que su flauta detectara la presencia de sus enemigos en el concierto. Al ser un evento de la ciudad, tenía una alta probabilidad de que asistiera un integrante o varios de los Gercas.

Pero analizó que no podía matarlos ahí mismo, algo diferente a lo ocurrido aquella noche con Gerald Fran, ya que la policía aún estaba investigando lo ocurrido.

Tenía que ser algo más apropiado, extremadamente cauteloso, sin levantar sospechas, para así encontrar a todas esas escorias y asesinarlos.

Capítulo 10

Regresando a la casa pasó por el mercado de la gran central, le gustaba comprar queso fresco de Gouda, su sabor y textura eran de sus preferidos. Pero cuando llegó el momento de cancelar, vio dentro de su bolso que la flauta había cambiado de color: estaba roja otra vez, ese era el inicio de otra muerte.

Empezó a buscar y muy alterado caminó por varias partes del mercado, hasta llegar a una distribuidora de leche, observó al encargado muy sigiloso y vio que en su mano derecha tenía tatuado la misma marca, un águila con las iniciales GC.

—*¡Ese es otro maldito!* —se dijo John.

Tomó su flauta y empezó a tocar y una vez más las melodías mortales se apoderaron de él. Una tonada sublime se escuchó e hizo paralizar el lugar, vio al hombre directo a los ojos mientras éste se tomaba la cabeza, ya que estaba lleno de dolor.

—*¡Seré más cauto!* —pensó, ya escuchó mi tonada, morirá en unas horas y sangrarán sus ojos y sus oídos.

La música solo dañaba a los que su mente quería lastimar, las demás personas presentes solo admiraban sus melodías y como idos o perplejos quedaban maravillados.

A la mañana siguiente, buscó en los periódicos y en la página principal del Róterdam Times se mencionaba que se encontró un hombre casi desangrado por completo en su casa.

La nota fue descrita con una frase que alegró a John:

—"*¡Terrible,* una muerte de las más atroces jamás vista!"

Su cara se iluminó, pensando:

—¡Otro animal muerto... una bestia más que mandé al infierno, espero poder reunirlos a todos!

Capítulo 11

Eran las 3:00 pm, un par de horas antes de su concierto, de su gran debut; miles de situaciones en su mente y las taquillas aglomeradas de personas. Estando en el camerino y viendo su amado cofre, intentando concentrarse en su sueño de ser un músico famoso, la flauta comenzó a dar señales, alertas más fuertes. John se imaginaba que lo más probable es que eran más de uno los enemigos presentes.

Se alegró como nunca, era algo que esperaba con ansias.

En la puerta, al ser la 5:00 pm, un toc-toc se dejó escuchar y una voz le gritaba:

—*¡Maestro John Van Der Berg, es hora de salir: lo esperan!*

Era tiempo de salir y de tomar el mundo en sus manos: su amor por la música y una vez más a tomar venganza.

Sintió una explosión de sentimientos encontrados: respiró y cuando el telón se abrió se dejó ver en el espectacular escenario, lleno a más no poder.

Una noche soñada para un principiante.

Su turno había llegado, el mismo Mr. Lauren Vauche lo presentó como la nueva promesa de Holanda:

—"¡Con ustedes... *John Van Der Berg!*"

Caminó con determinación, era todo un hombre a pesar de su corta edad, las damiselas lo describían como hermoso y murmuraban entre risas sonrojándose por su buen parecer.

Se sentó en un piano **BroadWood** de la más alta calidad, de un color negro brillante, amado y anhelado por cualquier pianista.

Una vez más sus dedos en total armonía cautivaron a todos los espectadores: Él, todo un talento, era un prodigio de la música.

Terminó de tocar luego de hora y media de sublimes notas, los aplausos no se hicieron esperar y hasta se percibían aun fuera del recinto.

Pero ese no era el final: lo más valioso, lo más trascendental fue cuando sacó su flauta y un silencio se apoderó del teatro.

—¡Para ustedes, con mucho corazón! —dijo John.

—¡*Mi tonada especial!*

Y con la flauta en su mano derecha, cerró los ojos y se concentró en algo: entrar en las mentes de los Gercas presentes.

—*¡Arderán sus brazos, sus ojos sangrarán y sus oídos explotarán, malditos animales del infierno... llegó su día, pagarán en sus hogares y sus familias verán su dolor!*

Sólo unos minutos para algunos, más un infierno en la mente para otros.

Pero gritos de júbilo y más aplausos se dejaron escuchar y se inclinó dando gracias, mientras se cerraba el gran telón.

Capítulo 12

Luego de una noche de copas, celebrando su gran victoria, John despertó en su cama.

Pegó un salto, cuando vio que ya pasaba de la 1 de la tarde. Buscó su periódico favorito, el Rotterdam Times. Una portada enorme decía:

"Más muertes en Ámsterdam: 8 cuerpos encontrados con múltiples heridas, algo atroz. Las autoridades sospechan que hay un asesino en serie"

Y cuando la alegría no podía ser más grande para John, la página número 2 en su totalidad hablaba por completo de su mágica noche:

"Un nuevo mago del piano ha llegado, ayer en una noche donde el público fue complacido, se dio la bienvenida al invierno. Se esperarán más noches soñadas con el maestro John Van Der Berg"

—*¡Ofertas para tocar han estado llegando toda la mañana!* —le comentó su madre Karyn.

—*"¡Eres famoso, estoy muy feliz por ti amado hijo!*

—*Solo que sigo viendo algo nuevo en tu rostro, se te ve alegría y me gusta, pero a la vez me preocupa, ten cuidado con tu futuro"*.

Capítulo 13

John realizó varios conciertos durante el invierno, su nombre se extendía no solo en París, sino que ya tenía invitaciones en otras ciudades. Aunque estaba muy feliz por su éxito, vivía amargado ya que no se habían vuelto a presentar más enemigos, causando que su gloria no fuera completa y perfecta.

Al final de cada presentación todo era agridulce, faltaba la cereza en el pastel y eso era tocar su flauta al terminar junto con sus melodías mortales, ver discurrir la sangre en los periódicos mañaneros.

May M.O

Era una presión que no lo dejaba dormir durante las noches, una minúscula parte de su vida estaba feliz, mientras otra muy vacía.

Capítulo 14

Después de casi un año con mucho éxito personal en el área musical, un día en las afueras de la ciudad, regresando de un concierto, John se tomaba un café en una pequeña villa, llamada **The Real Tree** donde tenían un establo con muchos equinos de gran valor, un lugar mágico para descansar, las habitaciones eran de aspecto rústico, de alta calidad en madera con una mezcla de acabados contemporáneos.

Capítulo 15

Decidió pasar unos días hospedado en ese lugar ya que tenía que prepararse para un concierto a finales del mes de agosto.

Una mañana, cuando caminaba por las villas, se escapó un caballo negro de gran tamaño: un ejemplar hermoso y un hombre lo perseguía sin lograr atraparlo.

—*¡Inmundo animal!* —le gritaba, pero el majestuoso equino era incontrolable.

Dio un giro inesperado tomando rumbo en la dirección exacta donde estaba John.

— *¡Cuidado, cuidado*! —gritaba su dueño y sin dudarlo mucho John se dispuso a huir, pero se dio cuenta que ya era tarde.

Y cuando se pensaba lo peor, el impresionante animal se detuvo en su cara, todos se quedaron inmóviles, casi sorprendidos del cambio tan brusco e inesperado, como que algo no dejó al gran caballo seguir su camino.

—*¡Disculpe caballero el penoso inconveniente!* —eso era lo único que no dejaba de repetir su dueño.

—*¡Este animal es incontrolable, hoy su día va a terminar... será sacrificado!*

Sin dudarlo John ofreció comprarlo, estaba maravillado:

—*¡Le ofrezco dinero por él!* —le dijo a su dueño.

—*¡Veo algo que me agrada en su mirada, lo quiero para mí!*

—*¡Claro!* —contestó, *es lo menos que puedo hacer después de tal susto.*

A los pocos instantes de regreso al establo, ya era su dueño.

—*¡Te llamarás SELTA, tu fuerza y coraje por vivir te han salvado!*

Aún sorprendido por lo sucedido, ya estando en la habitación John notó que la flauta había cambiado de color. Su rostro cambio nuevamente, la ira de saber que un Gerca estuviera cerca de él lo ponía a pensar en matar nuevamente.

Salió con la flauta en la mano buscando quien era el infortunado y sin encontrar respuesta de su paradero, llegó al establo y tomó a SELTA y salió hasta llegar a una choza a media milla de las villas, allí la flauta se puso más intensa.

Muy despacio se bajó del caballo, se asomó por la ventana y vio al hombre que le había vendido a SELTA.

—*¡No lo puedo creer!* —dijo muy furioso y enojado.

—¡Pero no vi ninguna marca en su mano! —pensaba.

Cuando de la parte trasera de la casa un hombre habló. John no podía verlo, así que se puso a tocar la flauta escondido detrás de una pequeña carreta llena de pasto.

—¡Lo ocurrido hoy me envió hacía ti, desafortunado bastardo! Morirás tu y no mi hermoso nuevo amigo, las melodías mortales obligarán al maldito a salir, quiero ver su mano para estar seguro y de ser uno de ellos morirá frente a mí".

A los segundos se abrió la puerta, un hombre de edad mayor con dificultades para caminar logró salir, John vio su mano derecha, tenía las iniciales: estaba más que claro.

—¡*Morirás maldito, sangrarás aquí mismo!*

—¡*No seré piadoso!* —y empezó a tocar.

John se levantó y se dejó ver por él y sin piedad explotó sus oídos, hizo sangrar sus ojos, lo puso de rodillas y se metió en su mente solo para decirle:

—¡*Sangre por sangre, te veo en el infierno maldito!* —cayendo éste desplomado en la entrada principal cubierto de sangre.

John se fue muy rápido del lugar con una alegría más en su rostro, de saber que había logrado algo placentero y pensando que su día ya no podía ser mejor.

Después de regresar a las villas ya pasadas las 4:30 de la madrugada, decidió abandonar su habitación ya con más calma.

En un momento de la noche se dio cuenta que una persona lo había visto partir del sitio donde había matado al Gerca, aunque era oscuro tuvo temor de que ese alguien lo identificara o que reconociera su rostro, por lo que entendía que marcharse era lo indicado.

Capítulo 16

Días después de regresar a la ciudad, seguía preocupado por lo que aconteció aquella noche.

Saliendo de una reunión sobre nuevos conciertos y bajando las escaleras antes de llegar a la salida, un inspector de la Policía estaba sentado esperándolo.

—*¡Hola señor John Van Der Berg! permítame presentarme.*

—*¡Mi nombre es Vladimir Pierre, Oficial de la Policía y encargado de crímenes de guerra!*

Un poco preocupado, pero muy seguro de sí mismo, John le preguntó:

—¿*Sí dígame, en que le puedo ayudar Oficial Pierre?*

—*Vengo a usted, ya que hace unos días, aparentemente fue asesinado un hombre muy cerca de The Real Tree y según las investigaciones usted se hospedó ahí, me imagino entiende que tengo que preguntar qué estaba haciendo en ese lugar, el cual abandonó a la mañana siguiente aún sin salir el sol. También que un testigo vio a un hombre en un caballo negro partir del lugar de los hechos sin poder ver su rostro, pero muy parecido al que le fue vendido a usted el día anterior.*

—*Así que, ¿podría contestarme?*

John por un momento pensó y se quedó en silencio.

—*"¡Claro que estuve en ese lugar, estaba pasando unos días de descanso por un largo viaje! Y si, el día anterior a mi partida un hombre me vendió un gran caballo, cabe resaltar que es hermoso, el cual estaba en el establo hasta la mañana siguiente que me marché junto con mis otras pertenencias, ya que, tenía que salir muy temprano por asuntos de trabajo en la cuidad. Me imagino que hay muchos caballos negros por ahí, que se podrían confundir con el mío. Por lo tanto, no sé qué más podría decirle".*

—*Pero hay algo que me deja pensando oficial:*

—*¿Cómo que aparentemente asesinado?*

Pierre le contestó que aún no había un arma encontrada o un móvil del crimen. No había heridas visibles, aunque fue una muerte muy violenta, un extraño caso que ya se está relacionando con otros ocurridos meses atrás.

—*Mi campo de investigación solo encuentra una similitud, que son las marcas en sus manos, un tatuaje de los Gercas, al parecer son de un grupo armado del pasado. Ya van 11 muertos y todos están relacionados, con las mismas características, pero no se preocupe solo es una investigación, es parte de mi trabajo.*

—¡Buenas tardes Mr. John, estaremos en contacto!

Segundos después de marcharse el oficial, John vociferó:

—*¡Maldición, ese asqueroso detective no se va a quedar tranquilo hasta tener más respuestas!*

—*¡Tengo que buscar la forma de terminar librado de todo esto! Tendré más cuidado, pero seguiré con mis planes, no me voy a detener en este momento donde cada vez estoy más cerca de encontrar a esos asquerosos Gercas malnacidos.*

—*Aunque no todo es malo o de preocuparse, esta situación me podría ayudar, ya que él puede tener más información del paradero de los demás.*

—*¡Claro, con un poco más de cuidado acompañado de mi astucia, podría obtener información valiosa que se acomode a mis planes de venganza!*

Capítulo 17

Unos meses después sin que su flauta de muerte detectara presencia de sus enemigos, John contrató a un detective privado que mandó a llamar de París, para que siguiera a Vladimir Pierre, lo cual era sumamente necesario, ya que solo así podría dar con el paradero o por lo menos tener más certeza de dónde buscar a los Gercas restantes.

Una pequeña intuición lo hacía pensar que Pierre aún seguía pendiente del caso, ya que un día lo vio estacionado al terminar una presentación a las afueras de uno de sus conciertos.

Como su fama de músico y compositor se extendían cada vez más, las invitaciones le llegaban por docenas. Pero John solo estaba esperando el informe o algo para saber dónde tocar nuevamente.

Tomando en cuenta que era cuestión de tiempo para obtener lo que esperaba, aceptó ir a una entrevista en Francia de un diario de prestigio internacional, dedicado a la cultura y al arte, nada más y nada menos que de **Le Art Monté**, ubicado en París.

Capítulo 18

Después de un largo viaje, con un retraso considerable por inconvenientes asociados al clima, al fin logró llegar al famoso periódico.

Una hermosa dama llamada Elizabeth, era la encargada de realizar la entrevista, sumamente hermosa, de cabello color caoba rizado, de piel blanca, su figura física se asemejaba a las bellas curvas del viento cuando surcan los pastos. John quedó muy impresionado. Ella a su vez, del gran talento, sumado con la habilidad de John para conquistar al público con su música.

La hora de la entrevista se pasó sumamente rápido hasta llegar al final.

Antes de partir y sin saber cómo, John que siempre fue muy reservado en el asunto del amor, esa tarde se enamoró de la agradable señorita, que por su forma de abordar los temas lo cautivó con su voz. Esas cosas sin explicación, pero que se sienten en el cuerpo como un fuego ardiente. Quedaron en salir a tomar una copa, ya que los dos tenían un gusto especial por los vinos. Eran unos catadores expertos, según sus conversaciones previas.

La noche siguiente en el restaurante *Le Wine Petit* pasaron las horas y los minutos acompañadas de sonrisas... de esas noches mágicas y tranquilas, en donde dos personas se empiezan a conocer. El uno quedaba maravillado del otro.

La joven Elizabeth venía de un orfanato, ya que sus padres la abandonaron al nacer en un hospital. Desde pequeña sufrió mucho por eso y las dificultades que pasó la obligaron a salir adelante por sus propios medios. Estudió mucho y consiguió una oportunidad en ese periódico ya hace unos años; pese a que su pasión siempre fue la música y el arte.

Por su parte, John también le contó de donde era su origen y la muerte de sus padres asesinados, de cómo llegó a tener un apellido de renombre, porque fue adoptado por una gran familia y que estaba en un periodo de calma, donde su alma se sanaba cada vez más al cumplir unas metas de las cuales fue obligado a actuar y que sus conciertos eran una parte de esa paz.

Más que felices de una noche mágica para ambos, quedaron en seguirse viendo. John le dijo que tenía que realizar unas presentaciones en la ciudad, pero las había pospuesto y que a razón de estar más por ahí iba a aceptar las ofertas de trabajo.

Capítulo 19

Ya establecido en la ciudad de París, con una nueva residencia, con todo listo y motivado para empezar con su nueva etapa, su detective pasó dejándole un sobre de color café, una mañana antes de salir para la capital.

Con una sonrisa John abrió el esperado documento, el cual le daba una información más detallada de donde estaban la mayoría de los otros Gercas restantes, pero aún no encontraba la ubicación exacta del general Sou Füher Hess.

Lo más cercano y la pista más fuerte es que se ubicaba en Alemania, unos años después de vender las tierras que tenía en Holanda, adquiridas brutalmente en los tiempos de guerra; así como la mayoría que se habían alejado de la zona de conflicto.

El detective también le dijo que Vladimir Pierre estaba muy atento del caso y especialmente de las muertes, que tuvo que actuar de una manera muy sigilosa para recolectarle lo solicitado.

Capítulo 20

Con la información en la mano, empezó a planear ir en la búsqueda de cada uno, pero tenía claro que tenía que ser de la misma forma que las anteriores sin dejar mucho rastro, no cometiendo otro error como el anterior, donde se vio expuesto y pensando en su nueva vida, pero sí con la convicción de terminar lo que empezó.

Que solo así saldría de ese círculo de muerte y venganza.

Fue por una copa de vino para abrir el sobre. Se sentó en su hermoso piano frente a la chimenea y como una partitura, una composición, empezó a leerlo, tocando sublimes melodías de muerte; un veneno corría por su cuerpo, su motivación estaba al máximo. La ganas junto al éxtasis de volver a matar se apoderaron nuevamente de su ser.

Al cabo de 2 horas practicando, el primer nombre apareció, su nueva víctima se encontraba muy cerca, según la información: Noah Leroy, quién tenía una pequeña tienda de telas.

Tomó su saco francés, su sombrero de copa, junto con su bastón y sin olvidar su amada arma sangrienta, se fue como lobo hambriento buscando atrapar a su presa.

Llegando a la tienda su flauta ya estaba al rojo vivo, un hombre lo recibió en la entrada, en su mano derecha la marca que lo iba a condenar por sus crímenes.

Ya asegurándose de que no había nadie más, John le dijo:

—¿Eres un Gerca?

Leroy asustado le respondió:

—*¡Sé quién eres, ya estoy informado de que un hombre nos está cazando como perros, ayer me llegó una carta la cual tengo en mis manos, pidiéndonos a los que quedamos discreción y sumo cuidado!*

—*¡Pero te puedo decir que no soy el mismo, he cambiado, te pido piedad!*

Una sonrisa pasó por la mente de John y bajando la cabeza respondió:

—¡Mis padres suplicaron también, asqueroso infeliz!

—¡Ahora escucha y sangra, morirás viendo mi rostro mientras yo te veo sufrir de rodillas sangrando lentamente con mis notas mortales!

Sin mucho más que explicar, los oídos, la piel, los ojos, en fin, todo el cuerpo del Gerca ya era un mar de sangre.

Un lapso corto de tiempo bastó para salir rápido de ahí, pero con la meta cumplida.

Capítulo 21

La noche siguiente Elizabeth fue a visitar a John, tenían planeada una cena para conversar de sus próximas giras musicales y de todas la actividades en general, la velada fue mágica, una noche de vino y de mucho romanticismo.

La gira por varias ciudades era el tema principal, lo que no podía comprender Elizabeth, ya que el éxito era notable.

No se necesitaba salir de París en años, todo estaba agotado, el público abarrotaba las boleterías en cualquier lugar al enterarse de una de sus presentaciones, las personas viajaban de todas partes, solo para escuchar su música.

Ella le preguntó:

—*¿Hay algo que no sé?*

—*¿Qué te lleva a viajar tanto, a realizar esas giras?*

John le contestó que tenía que hacerlo; que antes de cualquier cosa estable en su vida, era urgente liberarse de su pasado, por eso la importancia de sus viajes, pero que solo faltaba poco para que eso finalizara.

—*¡Dormir me es difícil, el piano me ayuda y el éxito me da tranquilidad, pero un pasado turbio me persigue!*

—¡Y hace unos años encontré la cura a mi enfermedad! Lamento no comprendas, es algo que no puedo contarte, cambiaría tu amor por mí.

—¡Pero esa necesidad de buscar venganza me trajo a ti, ahora necesito terminar lo que empecé, al costo que sea!

Con más dudas que respuestas en su cabeza Elizabeth se marchó, pero con la misma convicción de cuidar de él y ayudarlo en su éxito, aunque con mucho temor por lo que pudo apreciar en el rostro de John.

Capítulo 22

En 8 meses realizaron muchos conciertos, más unidos que nunca, con un aumento cuantioso de dinero y tierras adquiridas en varios países. Pasaron por Alemania, Ámsterdam, Bélgica, Aruba, Curazao y Habsburgo, las ciudades donde se encontraban los últimos Gercas.

Conciertos gratis, para llegar a más personas y así evitar sospechas ayudaron a John a cumplir su meta de asesinatos. Una parte de la víctimas asistían a sus conciertos, era la manera más fácil de matarlos sin dejar sospechas, ya fuera antes o después de las presentaciones.

En otras no tenían más que destrozarlos en el lugar, dependiendo de las circunstancias y según las posibilidades, aunque John disfrutaba más verlos a la cara mientras morían uno a uno; al final, lo importante era verlos sangrar, que un bastardo más dejara de vivir.

Después de cada concierto, a la mañana siguiente siempre los periódicos de cada localidad publicaban en sus primeras planas los acontecimientos de las muertes atroces y de las personas encontradas en casas, trabajos, en medio de parques o donde yacieran cuerpos destrozados y mutilados.

Era muy evidente, que alguien andaba asesinando.

Las autoridades ya tenían un perfil, parecía una venganza despiadada, sangrienta de un ser despreciable con poco o nada de amor a la humanidad, pero aún no se tenía ningún sospechoso.

El más pendiente era Vladimir Pierre, siempre detrás, porque en total ya eran 20 asesinatos, todos con el mismo tatuaje y las mismas características.

Su campo de investigación lo llevaba a pensar que el móvil era la venganza, que su asesino tenía un grupo especial, los Gercas.

Su curiosidad y la tenacidad de encontrar al culpable lo tenía ocupado en el caso. Una vez más las pistas lo ponían en la mira de John, en todos los lugares donde se presentaba, casi siempre alguien moría o la mayoría del tiempo era así. Aunque no sabía cómo, era algo que lo ponía a pensar.

Investigó el pasado, se puso a escudriñar, hasta enterarse que John era adoptado y que sus padres habían muerto en la misma fecha de los conflictos territoriales.

Capítulo 23

Como conocía todo el itinerario y las presentaciones se fue a buscarlo, sin pruebas que lo inculparan ni nada en su contra, pero necesitaba confrontarlo y saber lo que estaba sucediendo.

Nunca había estado presente en un concierto, ya que no era de su agrado la música clásica, menos el piano.

Lo siguió hasta Curazao y estando en un restaurante unas horas antes del concierto, adquirió una entrada gratuita, que era para los propietarios y distribuidores de vino de la zona, exclusivamente para esos negocios.

Un hombre sentado a su lado le dijo que no podía ir, ya que estaba un poco mal de salud y le otorgó la entrada.

—*¡No puedo asistir!* —le dijo.

—*¡Lástima, es el famoso John Van Der Berg!*

Pierre no sabía por qué alguien regalaba entradas a personas con capacidad de comprar un boleto, hasta que llegó al hotel donde se hospedaba.

En sus documentos encontró que los Müller eran dueños de un restaurante allí en Curazao, sabía que eran Gercas por su investigación meses atrás.

La curiosidad lo obligó a buscarlos en su restaurante, cuando llegó una mujer le explicó que no se encontraban, que se fueron para el concierto del famoso Van Der Berg. —*¡Llegué tarde, pero esta puede ser mi forma más clara de saber si tengo razón!* —se cuestionó.

Capítulo 24

Ya en el concierto el público había llenado todos los espacios disponibles, como siempre, era de esperarse lo mismo cuando el pianista llegaba:

"El Mago", apodo con el cual lo conocían cuando llegaba a alguna ciudad. Logró encontrar su lugar, su espacio estaba disponible.

Cumplida la hora de empezar las luces se apagaron, solo unos pequeños espacios iluminados en el escenario dejaban ver el piano y la trayectoria que iba a recorrer el pianista; cambios de luces de colores, toda una obra de arte antes de empezar.

Ya con la expectativa al máximo, desde el suelo una puerta se abría, mostrando en un ascensor a John Van Der Berg.

La multitud lo ovacionaba, los aplausos, todo un arte su entrada.

—¡*El Mago*! —se escuchaba entre los presentes.

—¡*Ahí está, ya salió!*

Pierre entendía el por qué era tan famoso y más cuando todo se puso en silencio, solo las melodías daban calma al corazón, esa paz de escuchar algo único. Por dos horas la tranquilidad se sentía, pensaba que estar en ese lugar era la mejor cosa que podía haber hecho.

Ya en el final, unas palabras de John:

—*¡Gracias por su presencia querido público!*

—*¡Amantes del arte y de la música; el honor de disfrutar su compañía fue todo mío!*

—*¡Hay noches especiales como esta para mí, así que, escucharán mi famosa tocada con mi flauta única, no todos tienen siempre este placer, espero que lo disfruten como lo hago yo!*

Pierre había escuchado que John tocaba una flauta al final de sus conciertos, pero que no era siempre y puso mucha atención. Aunque la distancia para verla con claridad era difícil, un destello rojo fuego era lo más cercano que podía visualizar.

La música lo envolvió, como si lo llevaran en las alas de un ave, hasta se sintió volando de lo mágico y sublime de su tocada, unos segundos para nunca olvidarlo.

Más aplausos y euforia al final del concierto.

Esa noche el intentó encontrar a los hermanos Ciro y Boris Müller, pero fue inútil, se marchó feliz de ahí, no obstante, pensando en lo que podía pasar al día siguiente y no quería tener la razón, pero era una gran probabilidad de que lo que pensaba de las muertes no fuera coincidencia.

Capítulo 25

Sentado en la soda de la esquina, muy cerca de donde se hospedaba, a las 10 am, compraba su café negro sin azúcar recién chorreado y su wafle con miel, cuando en ese preciso momento pasó el de los periódicos gritando:

—¡Sangre en la plaza, cuerpos sin vida... asesino suelto!

Inmediatamente escupió el café del susto, compró el periódico y en efecto, en la primera plana se describía con detalle lo sucedido. Y ya en la nota decía que durante la madrugada dos cuerpos fueron hallados casi destrozados, su sangre corría por toda la plaza, la autopsia reveló que sus cuerpos estaban podridos por dentro, algo sumamente extraño para las autoridades locales, los encontrados eran los hermanos Müller, inclusive sus familiares llegaron a reconocer los cuerpos durante la mañana.

Con mucho asombro, pero convencido que el responsable era el músico John Van Der Berg; el agente Pierre se fue a buscarlo. Necesitaba confrontarlo, seguir su instinto, no podía dejar pasar la oportunidad de verlo, ya que aún estaba en la ciudad muy cerca de él.

De inmediato y sin perder más tiempo agarró su sombrero, puso un dólar con 25 centavos en la mesa y se fue de prisa.

Capítulo 26

Un carruaje en la entrada del gran **Hotel The Paradise,** esperaba a un viajero, ya que según su cochero, tenía que llevar al *Mago*.

Era un lugar donde se hospedaban los visitantes más reconocidos, artistas, personas extranjeras de gran clase o prestigio, así como de la altura de un músico famoso y reconocido.

—*¡No cabe duda que llegué a tiempo!* —se alegró Pierre.

En el Lobby se dispuso a esperar, ya previamente había dejado el dato que buscaba a Van Der Berg en la recepción. Unos minutos después una voz en la espalda le dijo:

—*¿Veo que otra vez me espera a mi salida agente Pierre?*

—*Creo que me veo obligado en interrumpir su partida, ya que es muy difícil seguirle el paso a un músico tan famoso con tantos compromisos a nivel nacional e internacional y que no se queda muchos días en un lugar, ¿Será que le huye a algo, John?*

—*Creo que no entiendo su pregunta agente, si tiene algo que decirme, no tenga duda de hacerlo, estoy muy ocupado como para adivinar sus preguntas capciosas.*

—¡Cómo lamento que se sienta abordado de esta manera Mr. John! Pero es preciso que me dedique unos momentos.

—Le sugiero que sea a solas, ya que lo que le tengo que expresar no es algo que se tome a la ligera, es solo una sospecha de mi investigación, pero que me tiene hoy aquí frente a usted nuevamente.

John confundido de las palabras de Pierre, le dijo que estaba bien pero que tratara de ser más breve.

Lo invitó a tomarse una copa en la terraza de la suite y le dijo que su prometida lo esperaba para salir de viaje y que sólo podía ofrecerle una hora antes de partir.

Capítulo 27

Una botella de vino de 60 años fue la que destapó y sirvió el mesero antes de salir de la habitación.

—*¡Salud amigo Pierre! Para usted que me visita desde muy lejos, le ofrezco lo mejor. Ahora que ya estamos aquí solos como me lo solicitó ¿Me puede decir cuál es el misterio?* Los dos se miraron fijamente unos segundos.

—*Estoy seguro que lo ocurrido a los hermanos Müller fue usted de alguna manera, por supuesto que no logro comprender aún, pero todos los sujetos encontrados así brutalmente asesinados, tienen la misma marca, las mismas características, también es mucha coincidencia que "El Mago" como lo llaman sus seguidores casi siempre de una u otra manera ha estado presente o muy cerca de los hechos.*

—La noche de ayer fue mágica, yo estuve ahí, su forma de tocar el piano inspira, es sumamente espectacular y lo de la flauta, la verdad fue sin palabras y asombroso.

Ese fuego, esa brasa ardiente saliendo de su instrumento me dejó perplejo.

Sé que no en todas sus presentaciones es común verlo usarla para cerrar la función, pero yo percibo que solo en ocasiones especiales lo hace.

Ayer fue una de esas, anoche había dos presentes y hoy sus cuerpos fueron encontrados casi desmembrados, sin piedad, algo atroz, los órganos internos molidos como con mil espadas, sin hablar de sus ojos u oídos llenos de sangre y estallados.

Y se lo repito, eran dos Gercas.

—¿Sabe usted algo de lo que le menciono? ¿Sabe que me estoy acercando más a usted?

—Aún sin pruebas que me respalden, pero sé que estoy muy cerca de averiguar la razón. Necesito saber la verdad mi amigo John, créame que vengo de una familia destruida y ando en la búsqueda de un hombre al que también quiero

ver a los ojos, su nombre es Sou Füher Hess. ¿El nombre le es conocido?

John le dijo:

—¡Creo que sabe mucho y no sabe nada estimado agente, pero sí sé quién es ese maldito sujeto, lo que no sé es donde se encuentra, su ubicación me es un misterio!

—Ahora usted, cuénteme su historia y sus motivos, vamos a ver si nos podemos ayudar.

—¿Le parece señor Pierre?

—Por supuesto que lo haré.

—Le cuento, vengo de una familia al sur de Habsburgo, mi madre murió de tristeza al saber de la muerte de mi padre. Yo estaba en la universidad estudiando historia, cuando la noticia de la muerte de mi padre, me sorprendió un día por la mañana, él era un gran periodista, un gran investigador, un ser humano dedicado a saber la verdad y a publicarla. Murió asesinado por su trabajo, la persona responsable no fue encontrada.

Así que, me postulé para ser investigador de crímenes de guerra de la policía, el asesino era un Gerca según el móvil del crimen.

El último en hablar con mi padre ese día según las pistas, fue ese maldito de Sou Füher Hess; querían callar a mi padre causando miedo entre los demás periodistas.

Mi trabajo es importante para mí, cuando se encontró al primer Gerca muerto empecé a indagar más, esperando encontrar su cuerpo hecho trisas, pero no ha pasado y no puedo involucrarme sin poner en riesgo a mi familia, mi esposa, mis hijos, ellos dependen de mí, así que, aunque tengo que atrapar al asesino de estos crímenes y que actualmente está en mis manos toda la investigación, tengo que vengar a mis padres y poner fin a esta tortura que me perturba.

Sabiendo mi razón de estar aquí, no solo profesional sino también personal y que espero sea en total confidencialidad, porque ya es tiempo de saber si tengo razón o no.

—¿Podría usted ser mi aliado en esta búsqueda, negociar lo que sé hasta este momento y dejar de lado todo por un bien común?

Creo me necesita señor Van Der Berg, solo quiero lo mismo: ver al último de estos malditos sufrir, creo que su búsqueda no terminará hasta que el principal homicida de nuestras familias sufra y así poder dormir plenamente y vivir nuestras vidas sin un pasado de venganza.

Sin nada más que ocultar, John le contestó:

—¡En efecto, todas sus averiguaciones son correctas querido amigo Pierre; yo soy el que *busca, ¡frente a usted tiene al actor principal de esta ola de muertes!*

—Soy el responsable de hacer justicia, ya que la ley no pudo, nadie tuvo el valor de hacer lo correcto, denunciar la injusticia y la maldad de estos tipos.

—Mis padres fueron asesinados de un disparo en la frente sin piedad por un cobarde y sus aliados, por disputas sin sentido, por tierras que fueron marcadas con sangre, dolor y odio.

—Yo soy el vengador de todas esas almas, que desde la tumba me buscaban en las noches, sin dejarme dormir; desde niño me aterrorizaban, hasta que un día encontré la razón de vivir otra vez.

—*Sin saber, mi padre creó un arma sumamente letal y mi madre logró que la conservara por medio de mi hermana.*

—*La combiné con mi odio y se convirtió en mi mejor medicina. Mi amor por la música me hizo darme cuenta de su gran poder y sólo necesito estar frente a un enemigo o saber que está presente para destrozarlos por dentro.*

Entre risas, Pierre le preguntó que por qué no lo había matado a él.

—*¡Creo que no eres mi enemigo, ya que mi flauta, la que tengo en mis manos desde que empezamos a conversar aún no se torna de color rojo fuego, mi querido amigo!*

—¡Mi objetivo principal son los Gercas nada más!

—Con las muertes recientes, ya solo tengo que encontrar al último, aunque disfruté mucho ver sufrir a los otros, nada terminará bien si no se culmina con el principal actor de tanto sufrimiento.

—Tal vez puedas investigar algo más, en París visité una tienda a razón de lo conversado, ya sabes lo que pasó ahí. El maldito de apellido Leroy tenía una carta, la cual tengo aquí conmigo. Te pido que la tengas e investigues de donde procede el responsable de la carta, estoy seguro que es nuestro hombre. Solo que se hace llamar Zac Efron, el cobarde se cambió el nombre.

Pierre se levantó de la silla:

—Con toda esta información en mis manos me marcho para investigar cada pista, la información aquí suministrada hoy por ambos quedará en silencio, en total discreción. Espero nos reunamos pronto para terminar con el caso de una vez por todas. Sabe que mi única petición es ver al alemán directo a los ojos antes de morir.

—¡Sin más, me despedido, nos vemos!

Capítulo 28

El agente Pierre se marchó con más tranquilidad, sabiendo que había encontrado un aliado en su camino de venganza, John fue a buscar a Elizabeth, pero con asombro ella abrió la puerta mirándolo fijamente, su rostro lleno de lágrimas sólo podía significar una cosa...

—*¿Estabas escuchando verdad?* —le preguntó John.

Ella suspiro muy fuerte antes de contestarle:

—*¡No puedo creer que todas las muertes que se mencionan en los periódicos, las vidas* *destrozadas, las familias que has dejado en llanto durante estos años, incluso las de anoche y que en este preciso momento vengo de leer la nota, subí a contarte, sin saber que el asesino eres tú, mi amado John!*

—Me detuve detrás de la puerta a escuchar tu historia, esa que le comentaste al agente y que, aunque llevamos mucho tiempo juntos yo no la conocía, ahora en este preciso momento no sé qué pensar, no sé qué decir, me siento muy desconcertada de saber que te ayudé a realizar funciones, a organizarlas y que muchas de esas muertes también fueron mi culpa.

—Mi amada Elizabeth, lamento que te hayas enterado de esta forma, no esperaba

llegar a tanto, no quería dañarte, pero no voy a dar un paso atrás, solo me falta tomar una vida más y que es un reclamo justificado de almas del pasado, necesito terminar con lo que empecé, la sangre me llama a actuar por todas las vidas inocentes que ellos quitaron.

—Es mi deber, mi obligación y no permitiré que te interpongas en mi camino. Aún con el amor que te tengo te voy a pedir que te marches, me entregues a la policía o estés a mi lado para siempre. Así que tienes la última palabra, la mía es ir hasta el final. Seguiré buscando al general, hasta sacarle los ojos, con mis melodías mortales, verlo arrodillado, así como lo hizo con mis padres.

Inclinó la cabeza, mientras ella se marchaba.

Un silencio más profundo que el abismo llenó cualquier espacio de la habitación durante unos minutos, hasta que el carruaje partió con su amada.

Capítulo 29

John regreso a París, esperando encontrarse con Elizabeth para culminar sus planes de boda y todo lo planeado.

Pero pasaron 11 meses sin saber de ella, en total abandono de su vida, inmerso en su casa sin realizar más conciertos, totalmente deprimido y casi sin ganas de vivir, algo inesperado llegó a su puerta. Era una carta de Vladimir Pierre, su contenido era para reunirse en un lugar en Alemania en una semana:

¡ES PRECISO, TENGO UNA PISTA QUE PODRÍA SER LA UBICACIÓN DE LO QUE ESTAMOS BUSCANDO, NO FALTES!

Fue como una adrenalina inyectada en su cuerpo, que cambió su rostro de tristeza y angustia, regresando a los viejos tiempos de gloria.

Alistó todo para ese viaje, limpió su amada flauta maligna para su último trabajo y esperanzado en encontrar al cerdo de Füher Hess.

Capítulo 30

Una semana después se reunió con Pierre como estaba planeado en las afueras del teatro de **The Deutsches Theater** de Berlín.

—*¡Tiempo sin vernos amigo John, esperaba volverlo a ver, le tengo muy buenas noticias! ¡Lo mismo le digo agente! Espero valga la pena mi viaje, la espera y todo lo que conlleva estar aquí, en un país tan lejano, aunque la comida es deliciosa en comparación a otras ciudades.*

—*Claro que vale la pena, según mi investigación durante estos meses el cerdo al que ambos buscamos en efecto se cambió el nombre a Zac Efron, es dueño de la fábrica más grande de textiles de Berlín, tiene esposa y 4 hijos.*

—*¡Por eso te cité aquí!*

—*Precisamente en este lugar se le logra ver una vez al mes, asiste solo para ver tocar a uno de sus hijos, es el menor, quien tiene 17 años de edad y toca el violín.*

—*¡Es lo más que pude averiguar!*

—*La próxima vez será en 15 días, cuando culmine el semestre, se piensan ir de viaje, no conozco el destino ni la duración del mismo.*

John golpeó con mucha fuerza la mesa en la que estaban sentados:

—¡Muy poco tiempo para ejecutar algo... maldición Pierre, tenemos que movernos o lo perderemos otra vez!

—¡Así es John, pero esta información me costó mucho tiempo y dinero, ahora con tus recursos musicales y contactos puedes pensar que hacer!

—En eso tienes razón Pierre, hace un tiempo atrás recibí una invitación del director de orquesta para tocar aquí, lo recuerdo bien, por razones de agenda me fue imposible. Podría intentar buscar al encargado actual, confío que mi música nos otorgue una oportunidad. La idea podría ser acercarme al joven músico hasta llegar a Füher, organizar una presentación para *nuevos talentos. La probabilidad de que su padre asista a la función nos ayudaría a atraparlo, así mi flauta lo detectaría y lo matamos ahí mismo de una forma que los dos quedemos complacidos, terminando con esto de una vez por todas.*

—¡Eres un genio! —le dijo Pierre.

—*Es la única forma de llegar a él.*

—¡No pierdas más tiempo, hoy mismo tienes que ir y organizar todo!

De inmediato John se fue al **The Deutsches Theater**, solo bastó con presentarse y ya todo era cuestión de papeleo, su fama se había extendido por todo Europa, la fecha para tocar con los jóvenes artistas estaba lista.

El viernes 5 de abril El Mago del viento se presentaría a las 8:30 de la noche.

Capítulo 31

Durante la semana se reunieron varias veces para ensayar, es común cuando se hacen presentaciones con artistas nuevos. Para músicos de prestigio es algo de rutina, no obstante, era necesario estar en todas las prácticas para llegar al hijo del General.

Llegó un día el cual tuvo sus frutos, en un ensayo se escuchó como un estudiante se dirigía al otro:

—*¡No me hagas esperar Efron, date prisa!* —de inmediato quedó claro.

Para John ese era el hijo del maldito, se dispuso a seguirlo y así llegar al malnacido de su progenitor.

En las afueras del teatro, Pierre esperaba a John con la intención de saber si tenía novedades.

—*¡Apresúrate, es hora de trabajar!*

—*Ya sé quién es el hijo de Füher, sigamos al joven que va en esa carreta, nos llevará directo al cobarde de su padre. ¡Así que no hagas preguntas, solo sigue mi instinto, que estoy que reviento de furia de saber que estamos más cerca de terminar con la vida de ese animal!*

Por más de una hora y con mucha precaución siguieron la carreta que llevaba al hijo del General, ya que no sabían con que se podían encontrar al llegar a la casa de Füher. Desde la carretera se observaba una gran mansión y aunque aún era lejos, se podía apreciar que era enorme. Al llegar a la entrada principal de la propiedad, un portón con unos acabados en acero protegía el ingreso y solo personas ya autorizadas tenían derecho de paso.

Escondidos detrás de un inmenso árbol, la ira de John se dejaba percibir.

—*¡Tranquilo!* —le decía Pierre.

—*¿Qué tienes?*

—*¡Ya veo que teníamos razón con tus investigaciones, ese cerdo vive aquí, mi flauta* ya empezó a cambiar de color, es una señal inequívoca de que mi objetivo está muy cerca! ¡Tenemos que buscar la forma de entrar, estoy muy lejos y así no podrá escucharme y sin que pueda entrar a su cuerpo y mente me es imposible matarlo!

—¡Verlo a los ojos es lo que más quiero y disfrutar mientras lo destrozo por dentro, explicarle la razón de su muerte, que sienta el temor y que suplique por su vida como lo hicieron mis padres!

Capítulo 32

Cuando estaban de regreso el silencio los acompañó, hasta que:

—*¡Tengo una idea!* —dijo Pierre.

—*Ya que sabemos exactamente quién es su hijo, el día de la función de alguna manera compras a los de la boletería, ellos conocen cada reserva y espacio. Colocándome en su mismo palco y estando cerca de él, será más fácil identificarlo. Cuando sea la hora de matarlo, puedes hacer tu trabajo, sabrás quién es y yo podré ver cómo sufre. De esta manera los dos quedamos complacidos y sin dejar rastro; en* medio de la euforia de tu música nadie sospechará lo que pasó.

—Así como las otras veces en las que por más que se tenga sospecha, has salido bien librado.

—¡Después de ese día no me volverás a ver mi amigo John, cada uno tomará su camino y seguiremos con nuestras vidas!

—Solo espero que sea la última muerte para ti, de lo contrario mi trabajo me llevará otra vez a buscarte.

—¿Qué te parece mi plan?

—¡Eres un genio Pierre, cuando dos cabezas trabajan juntas cualquier cosa puede suceder y espero no volverte a ver por esta razón querido agente!

—¡Sin más que decirte, solo que fue un gusto conocerte!

—Espera un sobre con la ubicación de tu asiento, te llegará en unos días, así verás su tatuaje en la mano derecha.

—¡Cuídate y disfruta la función Vladimir Pierre, verás el poder de mi música desde lo más alto!

Capítulo 33

Días después como lo habían planeado, la carta había sido enviada con la ubicación precisa.

La hora ya estaba plasmada en las paredes del teatro:

"EL MAGO"

EL GRAN JOHN VAN DER BERG.

Viernes 5 8:30 pm

—¡Es mi momento de volver a brillar, tocaré como nunca en mi vida, hoy es un día para estar feliz y confiado, mi cuerpo pide a gritos venganza! —eran palabras que se repetía John en el camerino unos minutos antes de salir a tocar. Su flauta estaba color fuego, más que lava ardiente y eso solo podía representar una cosa, que su enemigo estaba presente, era la hora y el día de terminar su ola de muerte.

Capítulo 34

Cuando el telón se abrió no había un espacio vacío en la sección del público; las butacas, el anfiteatro, los asientos estaban llenos, algo fenomenal para cualquier músico, el lugar estaba a reventar.

En uno de los palcos, el cual tenía capacidad para 10 integrantes de alta alcurnia, fue donde logró ubicar a su amigo Vladimir Pierre, un gesto de aprobación era la señal, significaba que a su derecha se encontraba el General Sou Füher Hess.

Con la orquesta lista empezó el espectáculo.

Los presentes disfrutaban de las melodías y los violines junto con el pianista más famoso de todos los tiempos.

Una noche mágica como todas las anteriores en las que se presentaba.

Los aplausos después de dos horas se seguían escuchando entre cada bloque.

—¡*Antes de terminar esta gran noche en Berlín, los dejo con unas palabras del Mago John Van Der Berg y su tocada final!* —fueron las palabras del vocero encargado de despedir la función.

Eran las instrucciones previas dadas por John, que anunciaban el final de la velada para muchos y el final de la vida para un presente.

—*¡Solo puedo decir que gracias por su presencia, por sus aplausos, ese calor que me dan al apreciar mi música, gracias a los que me acompañaron esta noche en el escenario!*

John dirigió su mirada al palco, enfocado solo en una persona, era como una espada filosa que podía cortar con solo parpadear, el General pudo comprender y sintió temor de saber que todo ese odio era para él, intentó levantarse para huir, pero Pierre con un arma en su espalda le avisaba que si se movía un centímetro lo pasaría de lado a lado.

—¡Te quedarás sentado maldito, escucharás hasta el final y nadie te va a ayudar, vengo en nombre de mi padre el reportero que asesinaste, ahora sigue escuchando lo que te va a pasar perro maldito!

John les dijo que hoy antes de partir, tocaría su flauta mágica una vez más, solo para un público especial como el presente.

De inmediato la flauta se encendió como nunca antes, anunciando algo que solo John podía controlar, la ira se apoderó de él una vez más.

Para los presentes las melodías eran como tocadas por ángeles, pero en la mente del

General era un virus que invadía todo su cuerpo.

Un susurro le decía:

—*¡Estás escuchando mis melodías mortales asqueroso ser humano, mis padres murieron en tus manos suplicando vivir y hoy verás el infierno, las almas de cientos de inocentes que claman tu sangre, tu ambición despiadada te cobrará tus acciones!*

—*¡Ya tus hombres pagaron y ahora es tu turno cerdo asqueroso, sé que estás suplicando, pero no te voy a tener piedad, tus oídos sangrarán, seguido de tus ojos, tus órganos internos están casi a punto de explotar!*

—*Ahora te levantarás y saltarás al vacío desde la parte más alta del teatro, ahí te puse con la única razón de verte caer y tu hijo te verá morir desde el escenario. ¡Mis melodías mortales te mandarán al infierno!*

Al terminar la música los aplausos de miles invadieron todo el lugar, pero en el palco principal, un grito como de dolor se escuchó y fue tan fuerte que no hubo quien no dirigiera su mirada al sector más alto del teatro, de inmediato un hombre se lanzó al vacío dejando su cuerpo entre los pasillos totalmente destruido, el pánico se apoderó del lugar.

Un caos total, el terror se apoderó de las personas y poco a poco evacuaron el monumental edificio.

Capítulo 35

Todo salió tal y como se planeó aquel día, sin rastros y sin dudas, nada que los involucrara a ambos.

Ya todo había terminado, no había razón para seguir ahí.

En el camerino, una carta estaba en la mesa la cual iba dirigida a John:

—*"Si estás leyendo esto, todo salió bien, ¡te dije que soy un buen investigador!*

Ésta es la dirección de tu amada Elizabeth, la busqué y le supliqué que te diera otra oportunidad, que nuestro dolor nos perseguía cada noche y que la única solución era apagar las voces del pasado.

¡Vive tu vida querido amigo, ve y busca la felicidad, te llevarás una sorpresa! Se despide,

Vladimir Pierre".

La alegría de John no podía ser más grande, aunque ya todo había llegado a su fin con su tormentoso pasado, ahora era su felicidad presente la que tenía que solucionar.

Se fue a Ámsterdam de inmediato, tenía que hacer un largo viaje antes de regresar a París, donde esperaba encontrase una vez más con su amada.

La razón de su viaje era que tenía que regresar al lugar donde murieron sus padres, exactamente al pueblo de Pruchen, su hermana Meike Roos le había contado donde murieron cuando también le comentó que era adoptado.

El lugar se había convertido en un hermoso valle, un pozo hermoso marcaba el lugar con una placa conmemorativa a los fallecidos.

Hizo un agujero profundo, donde puso el cofre envuelto junto con la flauta de la muerte.

"¡Hasta aquí llega mi venganza, hoy me despido de mis amados padres, gracias por salvarme!

May M.O
∞∞∞

¡Ya pueden descansar en paz!

Capítulo 36

Cuando ya estaba en París, después de casi 6 meses sin regresar, se detuvo en la entrada de la casa donde se encontraba Elizabeth, John pensó:

—*¡Es mejor irme, no creo que quiera verme después de tanto tiempo!* —se cuestionó dando media vuelta.

Cuando estaba por marcharse, una voz le dijo:

—*¡Pensé que no vendrías, mi esperanza se estaba esfumando!*

John no podía creer lo que estaba viendo: era su amada Elizabeth, pero había algo más: tenía un niño en sus brazos.

Con la voz entrecortada le pidió perdón, diciéndole: *¡Lo siento!*

Le explicó que tenía cosas que solucionar antes de regresar, sanar el pasado y con un suspiro desde muy adentro del alma le preguntó:

—*¿Puedo saber de quién es ese pequeño el cuál tienes en tus brazos?*

Ella sonriendo le contestó que era su hijo y que se llamaba **Jonathan Van Der Berg**, en honor a su padre.

Notas del autor 1

El destino muchas veces nos pone en situaciones complicadas, pero la vida siempre nos dará sorpresas.

¡Mientras podamos sentir el viento en nuestro rostro, la esperanza de volver a ver un horizonte brillante será solo cuestión de tiempo!

May M.O.

Notas del autor 2

"Nunca dejes de soñar, cuando tengas una idea que, aunque sea la más descabellada para muchos, sólo sigue tus instintos y al final del camino de tu vida es lo único que valdrá la pena haber escuchado".

May M. O.

Agradecimiento

Desde que nacemos, siempre es bueno contar con familiares y amigos que te motiven a seguir adelante con tus sueños y proyectos. La motivación está en cada uno de nosotros, pero siempre voy a estar agradecido con las personas que me ayudaron a terminar una meta más en mi vida. Son muchas personas las que tendría que mencionar.

En especial a Marilyn Chavarría Moreno por la ayuda, la confianza, la motivación y por su entusiasmo para terminar mi libro.

QR

May Art Costa Rica

May Monge

Canal de You Tube

May M.O

Made in the USA
Middletown, DE
31 March 2024